숨,

하상 신영학 제8시집

도서출판 채운재

시인의 말

무지無知한 제가
이것마저 하지 않으면
삶이 심심할 것 같아 괜한 일을 하고 있습니다.

인연因緣이 되시거든
그냥 다름으로 보시고
평화平和를 가지시길 빕니다.

고맙습니다.
사랑합니다.
축복祝福합니다.

■ 차례 ■

제2부

제3부

제4부

제5부

제1부

숨

임자가 거두시면
흙, 물, 바람, 온기는
흩어져 본래本來로 돌아가고

임자가 보내시면
흙, 물, 바람, 온기는 모여
형상形象을 이루나니

본디 숨은 임자 것이라
임자는 거두고 또 보내시어
온 누리는 늘 새로워라.

하늘이 주인이외다

볼썽사나워라
얼마나 더 가져야 만족滿足하리오
형제의 인연因緣 구천 겁劫이라 하였거늘

염소 할머니 말씀 들어보소
"나눌 줄 아는 사람이 제일 부러웠소."
가진 것 몽땅 내놓고 "더 못 내놔 미안하다." 하지 않소

민심民心은 하늘이요
부귀영화富貴榮華 하늘로부터 얻나니
얻은 것 민심民心으로 되돌리시오

그대 지닌 몸뚱어리마저 하늘이 주인이외다
적절히 거두고 많이 나누시오
나누어야 자자손손 복福을 누린다오

잠깐 머물다 가는 허깨비 같은 인생人生
하늘로부터 얻은 것 하늘로 되돌려
하늘이 보시기 좋게 하시구려.

*어느 대기업 총수 형제간의 다툼을 보면서

가을

아이야!
너는 보이는가
저 하늘이 눈 시리도록 푸르고
고운 빛깔의 코스모스가 하늘거리는 고요한 들녘이

아이야!
너는 들리는가
짙푸르던 산과 들이 어느새 누렇게 변해 가고
가로의 나무 이파리는 벌써 제 빛을 잃어가며 소리를 낸다

아이야!
하늘은 한없이 높고 햇살은 따사롭다
산과 들로는 온갖 곡식과 온갖 과일이 맛나게 익어가고
이파리는 힘을 잃고 곱게 물들어 간다

너는 아는가
너의 봄은 가버린 지 오래고 여름마저 가고 있다
계절이야 다시 오겠지만 너의 가을은 다시 오지 않으리
한 생의 가을 문턱을 넘는 너는 외롭고 쓸쓸하다

아이야!
너는 보이는가
네가 살아온 흔적들이
그리고 네가 살아가야 할 먼 먼 길이

아이야!
너의 가을 앞에 서서 가을에 물어라
살아온 날들처럼 살아도 되느냐? 고
또 남기고 가야 할 것은 무엇이냐? 고

아이야!
너는 보이는가
여름은 가고 가을이 오고 있다
멀지 않은 날 겨울도 오겠지.

파문波紋

그대가
속삭이는 한마디 말일지언정
온 우주宇宙엔 파문波紋이 일고

그대의
작은 움직임에도
온 우주宇宙에는 파문波紋이 생기거니

그대의
생각, 숨소리, 손짓 발짓까지도
고스란히 자국으로 남는다네.

다시 피는 꽃

눈을 지그시 감아도 훤히 보이는
참 곱고도 우아한 꽃송이

만 리를 떨어져 있어도
순 바람에 실려 오는 님의 짙은 향기

오고 가시는 곳마다
가슴에서 가슴으로 고이 심으신 꽃씨

온 세상 곳곳으로 흩어지니
영원히 시들지 않는 꽃이어라

꽃씨 심어진 가슴 가슴에서 피어오르는
바람 타고 흐르는 짙은 향기여라.

길상화吉祥花

거저 얻어 단단히 움켜쥔 것
훌훌 털어 온전히 되돌려 놓고
스러져간 꽃 진자리
세월 더 할수록 맑고 향기롭게 피어오르네

오고 가는 길손
맑으므로 찾아들고
향기로움에 이끌려 드는구려

그토록 무겁던 헌 몸뚱어리 지우고
다시 피어오르는 길상화吉祥花
이제는 영원히 시들지 않을
맑고 향기로운 꽃이 되었어라.

살아 있어 아픈 거야

시련試鍊 없이 피는 꽃 어디 있으랴
알 망울로 모진 눈바람 찬 겨울 견뎌내야
이른 봄부터 꽃을 피울러라

눈부신 꽃 피우려고
늦가을 부엉이는 밤새워 그토록 서럽게 울어 대고
지난겨울 칼바람은 살을 베고 지났나 보다

그리 오래 머물지도 못하고
툭툭 떨어진 꽃 진자리에
매운 열매 달아 놓을러라

그 열매 익히느라
벼락은 그리도 사납게 쳐대고
천둥소리는 지축地軸을 흔들어 깨웠나 보다

어느 날 툭 떨어지면, 푹푹 썩어야 땅에 묻히고
얼고 트는 세월歲月 다시 보내야 싹을 띄울러라
그러니 모두가 살아 있어 아픈 게여.

처음부터 홀로였어

맨 처음 세상에 올 때는
아쉬울 일도 부끄러워할 일도 없었으니
벌거벗은 채로 홀로였지

사노라
홀로 있을 때 외로움의 아픈 덫에 걸리지 말라
홀로는 큰 자유로움이란다

큰 자유로움으로
밤으로는 천지로 쏟아져 내리는 노란 달빛에 젖어들고
까만 하늘에 초롱초롱 빛나는 별빛을 보리라

홀로 가는 길이어야
길 따라 곱게 핀 꽃들이 보이고
향기가 코끝으로 스미리라

홀로여야
물소리 바람 소리 새소리를 듣고
한가로이 흐르는 한 조각구름을 만날 수 있으리라.

매화梅花 피는 내력

긴긴 겨울 하얀 치마 끝자락
찬 기운 가시기도 전에 피는 매화梅花야

설매화雪梅花는
가는 겨울이 아쉬워서 핀다더라

청매화靑梅花야
푸른 여름날을 기다리므로 피어나거니

홍매화紅梅花 피는 내력은
벌겋게 익어 떨어질 가을을 미리 앓일러라.

사위 사랑

성스러운 집에 들러 마음을 씻고
마당에서 지인들과 인사를 나누다가
대학교수인 친구 부부와 더불어
그 친구 장인어른을 뵈었다

어른은
평생 사업을 하다 은퇴를 하셨고
참 재치가 있으시다
편안한 마음으로 에두르지 않은 채 농弄을 했지

"아버님!
어찌 이리도 예쁜 딸에게
저리도 안 생긴 사람을 정하여 사위로 삼으셨어요
혹시, 이쯤 바꿔보실 생각은 없으신지요?" 하였더니

단 한 치의 망설임도 없이
"아니야, 이 아이가
우리 사위에게 시집가서 이리 예뻐진 거요
그러니 사위가 최고지."

사랑이 담긴 어른의 한 말씀에
둘러 모여 한바탕 껄껄 웃고
서로 갈 길로 돌아서는 발걸음이 사뿐하다
막힘없는 소통은 참 아름다운 것이여.

자유自由

보見되 본질本質을 꿰뚫어 보고
사유思惟하되 나보다는 세상의 이로움을 먼저 생각하며

말語하되 너그럽고 부드러우며 사랑이 배여 있고
행業하되 언제 어디서나 어긋나지 않으며

습관[命]은 하늘도 보시기 좋게 하고
정진精進은 쉼 없이 게으르지 않으며

바른 마음[念]은 흐트러지지 않게 하고
정定한 뜻 끝내 이루고 나면 큰 자유를 얻으리오.

고향故鄕

나 어릴 적 송사리떼 쫓던
조그만 시내 둑을 걷고 있네

강아지 꽃 피고 꺾어서 피리 불던 버들가지
파랗게 물오르던 찔레나무 덤불
새순 돋아 오르면 꺾어 먹었지
그 동무들 모두 다 어디로 갔나

얕아진 물속 자세히 드려다 봐도
송사리떼는 간데없고
아련한 추억 속
느릿한 물고기떼만 한가롭네

귀 기울이니
시냇물 흘러가며 졸졸거리는 소리
옛이야기 들려줄 듯이
귀에 익은 소리

냇둑 섬에 핀 보랏빛 별꽃 무리랑
앉은뱅이 하얀 냉이꽃 그대로 피어 있네.

오케스트라orchestra

제각각 다른 소리를 내는
악기樂器를 모아 놓고 합주合奏를 한다

연주演奏를 시작하기 직전
각자各者가 가진 악기樂器의 소리를 조율調律하는 시간
제멋대로 내는 소리
소음의 정도를 넘어 아비규환阿鼻叫喚 지경

드디어 지휘자指揮者가 등장登場하고
연주演奏가 시작된다

열정熱情이 담긴 손짓 발짓 몸짓에 줄줄 흐르는 땀
소리를 모으고 흩고
주무르고 내 던지고
둘둘 말았다가는 활짝 펼치고

듣고 보는 이의 감성感性 더불어 잘도 놀아나고
세상살이 이치理致를 쏙 빼어 닮았다.

신기루蜃氣樓

눈이 밝아지기 전에는
누구나 외로움 한 덩어리씩은
가슴에 안고 끙끙거리며 살아간단다

나의 작음을 남의 크므로 비교比較하지 말라
크고 작음은 어둔 마음에서 일어선
신기루蜃氣樓 같은 현상現象이란다

자세히 드려다 보면
하늘은 절대로 기울지 않는 복福을
분별分別없이 모두에게 나누어 주었단다

다만, 스스로
자신의 작은 것을 남의 큰 것으로 비교比較하여
가난한 모습을 지어 볼 뿐이란다.

새 울고 꽃이 피네

찬 바람 아직 주위를 맴도는데
엊그제 놀고 간 한나절 봄볕에
하얀 목련 설 매 홍매 산수유 진달래 개나리 복사꽃
산과 들에는 꽃이 피네

쓰다듬듯 내리는 고운 봄비에
갈증 풀어낸 어머니 숨결은 뽀얀 안개가 되고
하얀 냉이 별꽃 민들레 제비꽃 수선화 앉은뱅이 풀꽃
들에 들에는 꽃이 피네

훈풍 불어오나
어머니의 부드러운 살 뚫고 솟는 새 생명
짝 찾아 요리조리 뛰고 나는 짐승들 몸짓 바쁘고
산에 들엔 꽃피고 새가 우네.

성자聖子의 이름

일생을 두고
곱씹어
맛보고 듣고 느낀다 한들
한없이 좋고도 좋을 묘妙함이라

"가진 것으로 아는 것으로, 교만驕慢하지 말고 겸손謙遜하며
머무는 것 없거니, 옛것을 듣고 이름에는 융통성融通性을 갖고
자연自然으로 일어나는 성정性情을 지나치게 억제하지 말며
봄풀처럼 자라는 욕망慾望으로 휘둘리지 말고 평화平和를 지니시오."

오미五味(단맛, 짠맛, 신맛, 쓴맛, 매운맛)에 비길까
오음五音(궁(宮), 상(商), 각(角), 치(緻) 우(羽))에 비길까
오감五感(시(視), 청(聽), 후(嗅), 미(味), 촉각(觸覺))으로
어찌 비길까나.

독존獨尊

미세微細한 먼지가 모여 산을 이루고
바다에 널브러진 모래 한 톨인들 홀로 귀하구나

무상한 것일지언정 모양으로 지어진 모든 것들은
제각각 오묘奧妙한 기운氣運을 지녔고

풀 한 포기 나무 한 그루 살아 있는
모든 식물은 생혼生魂을 지녔으며

동물動物과 곤충昆蟲은
생혼生魂과 각혼覺魂을 지녔고

만물萬物의 영장靈長인 사람은
생혼生魂 각혼覺魂 영혼靈魂을 더불어 지니거니

굳이 분별分別한다면 살아 있는 것은 모인 것이요
죽은 것은 흩어진 것이라

세상에 모양으로 지어지는 것은
모두가 모이고 흩어짐을 반복한다

형상形像을 이룬 것과 흩어진 것은 서로 다름이 아니거니
세상의 만물은 모두가 홀로 귀하도다.

영원永遠의 나

생겨나기 전에도 있었고
시방이야 생겨나 있으니
언젠가 되돌아 사라져 간다 한들
사라져 없는 게 아닐러라

생겨나기 이전이나
생겨나서 늙고 병들어 사려져 간다 한들
우리는 늘 하늘의 품 안에 있거니
생사生死는 다름이 아닐러라.

사랑을 위하여

형상形像으로 사랑에 빠지지 말라
보이는 것은 세월 따라 변하고 세월 따라 사라져 간다

허물어지고 사라져 갈 형상으로 사랑에 빠진다면
그대 사랑도 형상 따라 허물어지고 사라져 가리니

영혼의 눈으로 형상 안에 머무는 영혼靈魂을 보라
이슬처럼 영롱하고 가을 하늘처럼 맑지 않은가

그토록 맑디맑은 영혼이
본래의 나요, 본래의 너였다

형상의 미혹迷惑에 빠지지 말라
그리고 맑디맑은 영혼을, 영혼을 사랑하라

그대가 지닌 형상은 세월 따라 허물어지고
그대 안에 머무는 정신精神은, 정신은 떠나가리라.

그리움

오신듯이 가십니까
그대 지금쯤 어디서 무얼 하고 계시나요
소식이 하도 궁금하니

어젯밤에는
터덜터덜 걸어서
벚꽃 흐드러진 뒷산 언덕배기로 갔지요

가로등 불빛이랑 더불어 서 있는 목련 나무
하얀 망울 가지 끝마다 다닥다닥 걸린 채
까만 밤하늘을 밝히고 있었습니다

나는 하얀 목련 꽃망울에 홀린 채
멍하니 바라보다가 '오~' 하며
신음을 내고는 털썩 주저앉고 말았습니다

그대 지금쯤 어디서 무얼 하고 계시나요
정신을 차리고 나니
올봄도 오신듯이 그냥 가고 있습니다.

길 따라 꽃 따라

봄은 점점 무르익어
고운 꽃잎 눈처럼 흩날리는 날

강변 옛 신작로 마실길을 따라
조 팝, 개 복숭아, 진달래, 산벚꽃, 능수버들 꽃

고개 수그리고 몸을 낮추니
어머니 살갗엔 온갖 예쁜 풀꽃이 지천이네

내 아버지랑 내 어머니랑 조용히 그리시는 수채화
조석朝夕으로 모양 달라지는데

강 따라 구르는 물소리 정겹고
아지랑이 속 떼 지어 나는 나비떼 한가롭네

나는 온종일 꽃향기 취한 채 시름 덜어 놓고
길 따라 꽃 따라가고 있네.

마음

곱게 다듬어 씨 뿌리고
고운 꽃을 피우시구려

소리가 없으니 들을 수도 없네
들으려 마소

형상形像이 없으니 볼 수도 없네
보려 마소

채워질 수 없는 욕망欲望 덩어리
온갖 쓰레기에 역한 냄새 고약하다

허깨비인 나를 섬기니
고통苦痛이요

텅 비워 놓으니
자유로워 요모조모 쓸모 있구려

보이는 너를 지극히 섬기니
죽어서도 기쁨일

꽃피고 꽃 지고

쓸쓸히 떠나던 날
먼발치서 보내던 아쉬움

찬 바람 맞으며 얼고 트는
긴긴 기다림

꽃이 피니 기쁘고
꽃이 지니 다행이다

꽃 진자리 열매 달렸네
꽃이 지니 참 다행이다.

해후邂逅

꿈속에서도 그랬지요
영혼이 서로 만날 적에도 그랬고요

기다림에서 피어나는 봄꽃보다도 더욱 아름답고
밤을 새워 안개로 맺히는 아침 이슬처럼 영롱해요

굳이, '반갑고 반갑다.' 는 말은 말래요
'기다렸다.' 는 말도 말래요

그대, '지구를 떠나 어디에 있었느냐.' 고 묻지도 말래요
궁금한 게 하도 많으니까요

시방은 그냥 무작정 좋거든요
멍해질 만큼요

꼭꼭 믿었어요
언젠가는 조용히 돌아오실 거라는 거요

그래서 안절부절못하다가는 기도했지요
하늘 품 하늘의 품속이 참 포근해요.

외로움

산다는 것은
아픔을 견디는 거란다

어귀 지키는 고목도 일생을 한자리 서서
수많은 세월 찢기고 잘리는 아픔을 견디고

산중의 주인인 듯 행세하는 큰 짐승도
지독한 외로움을 견디며 산단다

잘난 사람이야 오죽하랴
나를 버리지 않는 한 외롭고 아프기는 마찬가지란다

살아 있어 외로운 거란다
산다는 건 아픔이더란다.

산으로 가요

날 밝아 오면 산으로 가요
잘 꾸며 놓은 아파트를 지나서 가요

아파트를 지날 땐
지지고 볶은 찌든 냄새

산으로 들면 산새들 고운 울음
상큼한 꽃냄새

날마다 덕지덕지 묻는 때 씻으러
아파트를 지나 산으로 가요.

무지역무득無知亦無得

하찮게 여기지 말라
그의 주인은 일생을 눈 떼지 않고
천사 붙여 돌본단다

나 아는 것으로
남이 모름을 업신여기지 말라
꼭 알아야 할 것은 다 안단다

내가 가진 것으로
남 못 가진 것을 업신여기지 말라
꼭 필요한 것은 다 가지고 있단다

하늘은 분별없이 골고루 주었으니
아는 것 서로 나누고
가진 것 더불어 나누란다

돌아간들 헛되고 헛된 것
간절할 때 나누지 않는들 무슨 소용
오직, 나눈 것만 세상에 남는단다.

예술혼이 흐르는 강

오월에
꽃피어 흐드러지고
꽃 진자리 열매 달리니
오~ 참 좋은 시절
귀히 발원한 물줄기
산천 따라 구르고 흐르더니
고고한 예술혼이 흘러가는 강물이 되었니라

오월에
영롱한 산새 들새 울음
자지러지고
상큼한 꽃 내
푸른 물결 일렁이다 넘쳐 흐를 듯이
그대들 예술혼이 흐르는 강물
멀지 않은 날 큰 바다에 이르리오.

제2부

모두 내 탓

세상은 날더라 '뭐라.' 하지 않네

다만, 내가 세상 더러 '뭐라.' 할 뿐

내가 있어 있는 세상

세상만사도 모두가 내 탓이라네.

늘 처음처럼 끝처럼

순수純粹를 이루고 왔었지
어제는 과거過去요
내일은 미래未來니
지난 것은 되돌려지지 않고
오지 않은 것은 알 수가 없네

오늘은 있는 것도 아니며
오늘은 없는 것도 아니니
하늘은 늘 처음처럼 사르란다
늘 끝날처럼 사르란다
순수純粹를 이루고 가야지

이슬의 노래

꿈나무들이 자라는 마을
파란 풀잎에 이슬방울 달아 놓는 천사의 손길

이슬방울들이 모여 부르는 성가
또르르 똑 똑똑 또르르 톡 똑
또르르 똑

은구슬 금구슬
구르고 미끄러지고
똑 톡 떨어져 스미고

하늘은 맑게 개이고
땅은 곱게 빗겨집니다

이슬방울들의 노랫소리로 피어오르는
여리고 참 고운 사랑의 꽃송이.

부모父母

어머니는
애초부터 어머닌 줄 알았지요

이런 투정 저런 투정
모두 다 받아 주시는 게 어머닌 줄 알았지요

식구들 먹다 남긴 음식
맛나게 드시는 게 어머닌 줄 알았지요

당신임 몸 살라 가족들 돌보는 게
부모父母인 줄 알았지요

철부지 불효자식 부모 되니
제 자식 키우면서 알아차렸건만

어디로 가셨나!
눈물 속으로 뜬 별들만 반짝반짝 빛납니다.

마음

감각感覺과 이성理性을 들어
나[我]라고 여기지만 참은 아닐러니

늘 밖의 세계世界와 더불어
망념妄念에 붙들리기 일쑬러라

게으르고 방종放從하면 꼭두각시라
온 우주宇宙에 흔적痕跡으로 남을 터인즉슨

흔들리는 몸과 마음 꼭 붙들고
깊은 물, 징검다리를 건너듯 할 일이네.

보리 냄새

모장깔 넓은 밭 둑셍이
하얀 별처럼 지천으로 뜨는 꽃
개망초 꽃 흐드러질 때면

산등성이 보리밭
누렇게 익어 갔었지

여린 쑥 뜯어
쑥 개떡 쪄놓고는
멍석 위에 누워 별을 세이고

아카시아 꽃송이 따다가
버무려 꽃 떡 만들어 주시던 엄마

누런 보리밭에
보리 익는 냄새 짙어지면
가슴에선 엄마 냄새 짙어진다.

참 다행이다

오월을 보내는 실록은
그토록 곱던 사랑의 열매를 달고

거울처럼 갈아 놓은 논에는
연둣빛깔 여린 모 나란히 줄 선다

논둑 모가지 길게 빼고
먹잇감 노리는 백로야
쉬이 잡히지 않으니

참 다행이다

봄부터 이룬 꽃 마당 푸른 물속으로 들었는데
밤나무숲에 밤꽃 흐드러진다

감나무 아래서 감꽃 줍던 아이야
꽃목걸이 엄마 목에 걸렸구나

고향의 뫼 따라 물 따라
퍼렇게 멍든 가슴 흠뻑 적시는
꽃이 피고 꽃이 지니

참 다행이다.

빛으로 오라

– 도티기념병원 30주년 기념 축시

어둠은 시꺼먼 어둠을 낳고
빛으로는 밝은 빛을 낳으니
어둠으로 휘감겨 캄캄했던 땅덩어리

하느님의 뜻 따라
인도하시는 길을 따라
횃불을 공손히 받쳐 들었노라

그대, 알로이시오 슈월쓰 몬시뇰
에와 터를 깊이 잡으니
그 뜻 귀히 알아차린 도티의 박애 정신 더 했노라

광야를 헤매며 허물어진 몸뚱어리
쉽고도 쉶은 이
포근히 감싸 안는 평화로운 쉼터

천사의 손길로 어언 삼십 년을 일구니
사랑의 눈물 지구촌 육십사 개국의 숱한 가슴 가슴속
이백만 송이 향 고운 꽃으로 피었니라

오라!
길을 잃고 두려움에 떨다가 지쳐 버린 영혼이여!
여기, 환한 빛 머무는 아버지의 품으로 오라.

참 소중한 나를 위하여

그를 용서하면 내가 살고
그가 용서하면 그도 살 일이니
용서容恕는 참삶이지요
소중한 나를 위하여
무조건 용서하고 사랑해야 합니다

누가 나를 평가評價하고 해석解釋해도
그에 마음 둘 일은 아니지요
그 몫은 단지 그의 몫일 뿐
아무리 사악邪惡한 말일지언정 그냥 놔두면
허공虛空에서 타는 불처럼 사그라질 겁니다

누군가를 닮기 위해서 산다면
내 몸에 맞지 않는 남의 옷을
억지로 입으려는 거나 다름없지요
나는 세상천지 단 하나뿐인 독존獨尊이니
나를 가꿈이 옳지 않나요

신비神秘의 은총恩寵이 담긴 용서나
정情이 담긴 나눔이나
"진리요 길이요 생명이라."는 사랑도
오직,
세상천지 독존인 나를 위함이랍니다.

갈증渴症

목, 목이 마르다
타는 듯이 목이 마르다

뿌리를 얕게 묻은 풀 포기들이 말라 죽어 가고
큰 나무 아래 무리 지은 작은 것들이 죽어 간다
그저 아무것도 모르는 체

타들어 가는 갈증으로
목, 목이 마르다.

홍수洪水

앎은 홍수洪水를 이루건만
자비慈悲가 스미지 않으니
허기虛氣를 채울 길 없고

물질物質은 넘쳐 나건만
참 나눔은 없으니
썩는 냄새 역逆하구나

발전發展하는 문명文明은
모든 이의
눈과 귀와 입을 멀게 하는 도다.

마음 밭

하늘이 내어 주신 터전
정성으로 갈고 곱게 가꾸니
일용할 양식은 쉼 없이 생겨나고

꿀처럼 솟는 샘물
날마다 심고 싹 틔워 가꾸는 정원
이슬 머금은 채 피어나는 꽃송이
벌 나비는 꿀을 따러 오네

온갖 새들 날아들어 노래하는
하늘 더불어
내가 가꾸는 향내 고운 마음 밭.

행복幸福

목멱산 언저리
좁다란 길
실개천 졸졸졸
정겨운 얘기 가득 싣고 흐른다

비단 같은 살가운 바람결
꽃그늘 흔들어 대고
꽃길 따라가는 시방
얼마나 좋은지.

내일이면 늦으리

오늘을 사는 것도
내일을 기약期約하는 것도
내 뜻으로는 이룰 수 없나니

미룰 일은 아니네
사랑도 용서도 나눔마저도
내일이면 모두 다 늦으리.

가뭄에 단비가

비가 와요
빗방울 떨어지는 소리
갈증으로 타던 대지가
아주 좋아서
기쁨으로 웃는 너털 웃음소리 같소

비가 와요
꿀보다 더 단비가 와요
비를 기다리던 대지가
얼마나 좋을지
어둠 속으로 자작자작 이는 빗소리

오!
목 타던 대지가
너무너무 좋아서
목 터지게 웃는 웃음소리 같소
비가 참 고마운 비가 와요.

여승女僧

삼각산三角山 자락
천 년을 넘긴 고찰古刹 삼천사三千寺

계곡溪谷 따라 흐르는 맑은 물소리
볼 붉은 여승의 염불 소리, 목탁소리

고단한 세상
염원念願 빌고 비는 소리

스쳐 지나는 나그네
불전佛前으로 앉힌다.

바위 섬

하늘 잇닿은 수평선 넘어
밤 지새우는 고깃배들 불빛 밝고

어둠 포근히 끌어안은 밤바다
쉼 없이 쉼 없이 울어 댄다

거친 파도는 끝없이 밀려와서
바위 섬으로 산산이 부서지고

수수 만 년을 지켜온 바위섬은
모난 곳 없어라

그저, 아무렇지도 않은 듯
말없이 가만가만히 누워 있다.

오늘

어제의 결실結實이 오늘일까
오늘을 사는 준비準備가 내일일까

어제는 지나갔으니 소용이 없고
내일은 오지 않았으니 내 것이 아니 잖는가

오늘처럼 소중한 날 있을까
그렇다면 오늘일세.

빗소리

어둠을 뚫고
밤을 새워 뛰노는 빗소리
난 그냥 놀다가 간 줄만 알았지

세상에 모양으로 지어진 온갖 살아 있는 것들
사노라, 온종일 애쓰며 흘린 비지땀
곱게 곱게 씻기고 갔구나

푸른 숲은 한결 싱그러워졌고
뽀얀 흙먼지 풀풀 날리던 땅은
차분해졌으니

밤을 새우며 뛰놀던 빗소리
톡톡 똑똑 톡
나는 그저 놀고 가는 줄만 알았었지.

꼭 필요한 것

백 년을 훌쩍 넘기는
기록적인 지독한 가뭄

타는 갈증으로
어미의 부드럽던 살갗은 쩍쩍 갈라지고
말라 비틀어지고
오그라들던 생명

꿀보다도 더 진한 단비를 흠뻑 내려
모든 죽어가던 생명을 살리던 일도

엊그제 지나던
사나운 태풍을 얌전하게 다독인 일도

모두가 내 뜻으로 이룬 일은 아니거니
그저 지나가는 얘기들

나는 이른 아침
산으로 오르고
동녘으론 맑은 해 솟는데
뽀얀 물안개 곱게 피어오른다

많은 것 알고 싶고
많은 것 얻고 싶으련만

정작 꼭 필요한 것은 일용할 양식이랑
더불어 거짓 없는 사랑뿐인걸.

모두 다 바다로 갔어

저기 저 산꼭대기
흘러 흘러가던 흰 구름
편안히 걸터앉아 쉬어 간 자리
거기 두고 간 한 방울 물도
끝내는 바다로 갔지

잘난 이 못난이
심지어 막힘이 없던 이도
흙으로 되돌아가서
바람 따라 물 따라
끝내는 바다로 갔지

하늘이 텅 비어 있는 걸 보면
하늘로 오른 것은 아무것도 없는가 봐
모양도 소리도 없는
청정淸淨한 영혼靈魂 말고는
모두 다 바다로 갔어.

마음의 창窓

그대!
세상을 내다보는 창窓을 보라

맑고 고운가!
그렇다면 맑고 곱지 않을 게 없고

흐리고 어두운가!
그렇다면 흐리고 어둡지 않을 게 없으리니

마음의 창窓
늘 맑고 곱게 닦기를 애쓸 일이네.

친구여

친구여!
자네랑 나랑은
옛적 코흘리개 시절부터 동무였지

한 해 두 해 나이 들면서
'친구야!' 하고 부를 수만 있어도
마냥 좋은 이름

세상의 잣대로
낯선 이가 보기엔 큰 허물일지언정
아무렇지도 않은 듯 쉬이 덮어 주는 우리 사이

친구여!
애초부터 자네랑 나랑은 죽는 날까지
함께 살아가야 할 운명이었어

우리는 시방 깊은 고비고비를
많은 이야기를 남긴 채
넘고 넘어서 왔지

아프지 말고 곱고 향기롭게 살아가세
이제는 늘 '덤으로 산다.' 여기고
일상을 감사하며 기쁨으로 즐기세나

친구여!
사노라면 문득문득 생각만 해도
눈물이 핑 도는 이름

우리 사는 세상은
똑같은 게 없으니 서로 다름을 알아차린 나이
그저 너그럽게 살아가세

질곡을 살아가는 동안
나는 자네가 있어
참 고맙고 기쁘고 좋고도 좋다네.

종자種子

미움으로
종자種子 삼을 일은 아니네

미움의 씨앗을 심으면
미움의 싹이 자라나고

사랑의 씨앗을 심으면
사랑의 싹이 자라나니

오직, 사랑으로
종자種子를 삼을 일이네.

밤 동무

새벽으론
후덥지근하더니만

아침나절엔
소나기 한 주름 한 참을 퍼붓고

온종일 시원한 매미 소리에
땀 식혔는데

무더위 휘저으며
쉴 새 없이 돌아가는 선풍기 소리

엎치락뒤치락 잠 못 이루고
삼경三更으로 흐르는 밤

하냥 밤을 새우는 귀뚜라미 울음
이젠 가을이 멀지 않았나 보다.

가을 속으로

폭폭 찌는 무더위
수백 년을 족히 넘긴 듯한 고목
올려다보니 하늘이 없네

맨살에 스치는 시원한 바람
졸졸졸 끊임없이 흐르는 맑은 물소리
열정을 품은 매미들의 오케스트라 하모니

간간이 들리는 산새들 고운 울음
빨강 노랑 파랑 곱게 핀 야생화
누군들 내달려 가고 싶지 않으리오만은

가만가만이 있어도
올 것은 오고
갈 것은 모두 다 간다네.

껍질

뽀얀 속 살 보일세라
싸매 안고 지켜온 세월
살이 트고 갈라지던 어느 여름날

새 몸으로 새로워지라고
크게 자라 더욱 커지라고
훌쩍 벗어 던져 버렸다

세월 따라 변하는 줄 미리 알고
한 때는 꼭 필요했건만
가야 할 때를 알아 되돌아간다.

아무도 모르는 길

서둘지 말라
그리 서둘러 가는 길이 아니더란다

어디서 왔는지도 모르고
어디로 가는지도 모르지 않느냐

스스로 뜻을 세우고
길을 가되

그 뜻이 올바른지를 묻고
그 길이 올바른 길인지를 묻고 또 물어라

뜻을 이루고도 허탈하면 무슨 소용이요
가야 할 길이 사라져 버리는 날 후회한들 무슨 소용이리

잠 깨어 세상이 보이거든 환호하고
노을 앞에선 늘 감사기도를 올려라

하늘의 참사랑이랑 은혜를 알아차려야
오르지 평화로운 삶을 이룬단다.

들린다! 바람 소리

하늘에선 달이랑 별들이 놀고
아직 어스름 머무는 이른 새벽인데
'무덥다!' 야단일세

더우면 더운 대로 살고
추우면 추운대로 살아야지
어쩔 것이여

수많은 창조물 중에 오직 사람들만
이런 투정
저런 투정

바람 소리
푸른 나뭇잎 나풀거리는 소리
청량한 귀뚜라미 울음소리

온갖 천사(풀 벌래)들의 아름다운 노랫소리
'들린다!'
지친 영혼 흔들어 깨우는 소리.

제3부

머물다 간 자리

물처럼 낮은 곳으로
오르지 낮은 곳으로
굽이굽이 순리順理를 따라
낮은 곳으로

"물질만능物質萬能"
얼마를 더 가져야 행복할 수 있나
아서라, 넘치면 고통苦痛이란다
꼭 필요한 만큼만 가지란다

"이기주의利己主義"
제 몸뚱이도 거저 얻은걸
모르고 살면 고통苦痛이란다
나누고 또 나누란다

"무한경쟁無限競爭"
첫 찌도 꼴찌도 아니다
사랑이 없이는 공멸共滅이란다
끌어주고 밀어주란다

아름다운 세상을 꾸는 꿈
평화로운 세상을 꾸는 꿈
모두의 희망希望은
짙은 어둠 태워 밝힌단다.

눈높이

들에 피는 풀꽃
그 절묘한 아름다움을 보려거든
쪼그리고 앉아 눈높이를 맞춰야 하네

그리 빳빳이 서서는 못 보네

매혹에 빠져
향기마저 얻으려 거든
다소곳이 엎드려 코를 맞대야 하네.

해탈解脫

하늘과 땅의 온갖 만물은
있는 그대로 쓰임이 있으니
좋고 나쁨이 아닐러라

세상만사는
살아 있어 일어나거니
모두가 다행多幸 일러라

오르지
좋으니 나쁘니 옳으니 그르니 하는
미혹迷惑에 빠지지 말일이네.

선물膳物이요

내 몸뚱이
내 아내 내 남편
내 자식
내 재산財產이라 속지 마오
모두는 하늘이 주신 선물膳物

백 년을 사는가
갔다가는 다시 오는가
딱 한 번 피고 지는 영롱한 꽃
잠시 인연因緣 따라왔다가
인연因緣 따라서 갈 뿐인걸.

조국祖國

조국祖國!
하늘이 주신 거룩한 이름
나의 조상이 대대로 살아온 땅

조국祖國!
눈부시게 아름다운 이름
나의 희망이요 나의 삶의 끈이라

조국祖國!
내가 죽도록 사랑해야 할 이름
나의 살이요 나의 피요

조국祖國!
지극히 공경해야 할 이름
내가 생겨났고 내가 되돌아갈 고향

조국祖國!
지구촌 동쪽에서 환히 빛나는 불꽃
영원히 만방을 밝히리라.

꽃피는 5호선

땅은 햇살이 고운 날
비교적 한산한 5호선 지하철
출입문 쪽 딸 또래 만삭의 임산부
자리를 양보하니
사양하다가 다소곳이 앉는다
참 편안해 보인다

옆자리 앉아있던
아들 또래 젊은이
어른에게 자리를 양보하니
훈훈한 인정이 흐르고
고운 꽃이 피어오른다
참 보시기 좋다

사서 들고온 커피
소곤대듯 전화를 받던 아가씨 간결한 통화
빨대를 통해 커피는 쏟아지고
내릴 역은 지나쳐 버렸는데
주저앉아 바닥을 말끔히 닦는다
5호선에 고운 꽃이 피어오른다.

바름

하늘과 땅은
온갖 세상만사 만물에
공평을 이루고

그 참뜻을 알아차린 성인
세상만사 만물을 들어
치우치지 않는구나.

살짝이 이르는 말

밤을 새워 내린 비
새벽은 열리고
봉재산 숲은 '어서 오라.' 하는 소리에
시름을 털러 터덜터덜 거기로 갔지
흠뻑 젖어든 숲은 한결 정갈하고
여기저기 가을 부르는 소리는 청량한데

능선길 걸어서
해를 따라갔지
소나무 솔잎 끝으로 매달린 영롱한 물방울
나를 보더니
반짝반짝 빛나며
살짝이 '쉬었다가 가라.' 한다.

회상回想

지금쯤 고향 들녘엔
누렇게 익어 가는 볏 이삭 모가지 깊게 수그리고
두렁콩 깍지 자꾸만 배불러 오른다
열매 매단 온갖 것들로 넉넉해지는 마음
비단결 같은 햇살은 더욱 살갑다

지난 여름날 무더위 속 타들던 가뭄
사납게 지나던 태풍 속 모진 비바람
시원한 매미 울음, 물소리, 바람 소리
모두가 산과 들로 영그는 열매를 위하는
절묘한 관현악 합주곡이었나 보다.

8월을 스치고 가는 사랑

8월이 갑니다
꽃보다 더 고운 사랑이 그냥 스치고 갑니다

무덥고 힘들기도 했지만
그래도 8월은 실한 열매를 매달아 놓고 갑니다

8월에 꽃보다도 더 고왔던
스치고 지나던 사랑이 가지 말고 머물렀으면 합니다

멀리서 큰 태풍이 온다는 이 새벽
창문으로 드는 바람은 시원하고 가끔 흔들어 대기도 합니다

귀뚜라미 울음은 점점 커지고 더욱 청량합니다.
9월이 성큼성큼 내게로 옵니다

나무에 매달린 열매가 빨갛게 익어가고
온 누리의 들판이 누렇게 변해 가듯이

9월이 오면
철모르고 드물게 피는 9월의 붉은 넝쿨 장미처럼

우리의 사랑도 그렇게 붉게 타오르면
참 좋겠습니다.

하늘이 부르는 날

되돌아가야 한다는 것
그건 필연必然이야
누군들 비켜 간이 있었던가
그저 뻔히 알면서도
왜, 천 년을 살 것처럼 계획하고 사는 것인지
맨 처음 올 때도 내 뜻은 아니었어
아마 갈 때도 그럴 거야

산마루에 곱게 피어나는 야생화
개울가 지천으로 피던
향 고운 찔레꽃이랑
넝쿨에 핀 인동초는 그 꽃 따서 꿀 빨아 먹었었지
고운 울음 우는 새소리
넉넉히 흐르는 계곡의 물소리
풀벌레 울음은 참 곱기도 하여라

휘영청 밝은 달도 좋거니와
까만 밤을 놀다가 스러져 가는 별들도 좋고
나 어릴 적 엄마가 부르면
놀던 장난감 동댕이치고 달려가 품으로 안기던 시절처럼
에서 임이 보시기 좋게 잘 놀다가
하늘에서 내 임이 부르시면
언제든 "예!" 하고 가야지! 그냥 가야지!

가을비

창밖으론
추녀 물 떨어지는 소리
바람 스치고 지나는 소리
어린아이들 조잘거리는 소리

눈 지그시 감고
고요에 드니
몸은 구름을 타고
푸른 하늘을 난다.

사랑의 빛

소 알로시오
마리아수녀회
그리스도수도회
아이야! 넌 사랑의 덫에 걸렸으니

시궁을 걸러
맑은 물 흐르게 하고
가난을 불사른 재로
고운 꽃을 피우리라

소년아!
이다음 훌쩍 자라나
지구촌 곳곳을 환하게 밝힐
소녀야!

너희는 빛이어라
향기이어라
너희는 꿈이어라
희망이어라.

미사

– 가비떼 소녀의 집

하얀 날개 입은 천사랑
아버지가 피우시는 꽃송이
꽃들의 노래는 사랑의 향기요

시린 눈에선
눈물이 강물이 되고
진흙탕서 피어오른 연꽃처럼 고아라

지나는 바람은 산들산들 춤추고
숲 속의 온갖 새들은
즐겨 노래하는데

하늘과 땅마저도
아버지의 지극한 사랑으로
공손! 또 공손恭遜하누나.

참사랑

사랑은 외롭지 않네
혼자 있어도

사랑은 아쉽지 않네
가진 게 없어도

사랑은 분별이 없네
이 세상 그 무엇도

사랑은 두렵지 않네
죽음마저도

사랑은 오르지 주는 것
참 기쁨이네.

박꽃 필 무렵

점점 가을은 깊어 가고
바가지 되기는 이미 그른 박꽃

하루해 기우러 갈 즈음이면
헛간 초가지붕 위엔 하얀 박꽃이 활짝 핀다

온종일 놀다가 배곯아지면
감나무 밑으로 무른감 찾는 아이

삼베적삼 땀으로 흠뻑 적시며
갈걷이 바쁘시던 어머니

마음은 더욱 바빠지고
"아가, 꽃밭에 분꽃이랑 지붕에 박꽃 피웠나 봐라."

하얀 박꽃이랑 분꽃이 곱게 필 무렵이면
굴뚝으로는 뽀얀 저녁연기 솟아오른다.

야생말

아주 오래된 헌 수레
질질 끌고 가는 야생말

시방도 길이길이 날뛰니
어디로 갈 것인지

어르고 달래나 보자
언젠가는 순하게 길이 드는 날

그놈 타고 어화둥둥 노닐다가
고향으로 돌아가리라.

연기산(smoking mountain)

살은 헤집어 패이고
썩어 엉긴 피가 흐르는 혈관
어머니의 젖통은 고름이 된 지 오래
진동하는 역한 냄새
애는 애를 배고
애 어른 모여 살건만 돌보는 이 없네
오!
저 이슬처럼 맑고 고운 눈동자
모른 체 마오
저 아픔 훗날에 우리의 몫이 될 거 외다

동산엔 하얀 억새 곱게 피어 흔들리는데
우리의 어머니 상처 난 몸
낫게 할 이 누구 없소
부드러운 혈관으로
맑은 피 흐르게 할 이 누구 없소
저기 저 뿌연 연기를 재워
지나는 바람 쉬어 가게 할 이 누구 없소

흐드러진 장미향보다 더 짙은
내 어머니 몸냄새 다시 피어나게 할 이
거기 누구 없소.

노을 곱던 날

하늘공원 억새밭으로 갔지요
이파리는 아직도 푸른 꿈 꾸고 있는데
은빛 억새꽃 막 피어 흐느적거리고 있었어요
지나는 바람이 쉬어 가고
온갖 새들은 노래하고

옛일 생각하면,
사람들이 먹고 쓰다가 버린 것들로 이룬 산
냄새 역겨워 혐오하던 산
이제는 많은 이들 마음 내려놓고 쉬어가는 산
그분은 '지옥도 천국으로 만드시는구나!' 했지요

해가 기울어져 갈 무렵 노을공원으로 갔습니다
숨어서 핀 작은 풀꽃들이 아주 예뻐서
한참을 같이 놀았지요
아직 알음이 들지 않은 아장거리는 아기도 만났습니다
모두가 엄청나게 큰 선물이었지요

멀리 산마루에 걸린 해 바라보니
노을이 어찌나 고운지 마음을 홀랑 빼앗겼습니다
한동안 넋을 잃고 바라보았지요
'우리네 삶도 마지막이 저 고운 노을이면 좋겠다!' 했지요
꿈인 양 어둠 쌓인 터널길 한참을 걸었습니다.

임臨하소서

돌보다 더 굳고
큰 산처럼 움직일 줄 모르는
완고頑固함을
어서 거두어 주소서

선물로 주신 모든 인연因緣들에
제가 아는 것만으로
아픈 상처 입힌 일들을
용서容恕받게 하소서

저의 잣대로
남을 판단하고 해석하지 말게 하시며
절대로 화禍내지 말게 하시고
어리석은 완고함을 어서 내려놓게 하소서

눈은 부드러우며
귀는 순順함으로
입은 웃는 도구로만 쓰이게 해 주시며
끝내는 화禍내지 말게 하소서.

산다는 것

움집에 살아도
즐거움과 기쁨이 둥지를 틀고 있다면
단, 하루를 산다 하여도 좋으련만

큰집에 살아도
노여움과 슬픔이 둥지를 틀고 있다면
백 년을 산다 한들 무슨 소용이리

움집의 즐거움이나 기쁨도
큰집의 노여움이나 슬픔도
모두 마음 두기 나름인걸.

난 참 행운아다

난 건강하지
부모님 앞에서 큰 탈 없이 살았지
애들도 그럭저럭 잘 커 줬지

마누라 예쁘지
춤 잘 추지(한국무용)
노래 잘하지(민요)
성질은 적당히 지랄 맞지

이보다 더 좋을 순 없을듯싶다
가만히 생각해 보니
난 참 행운아다.

노을

한 뼘쯤 남은 하루
해 그림자 왜 저리도 고울까
아리수 강물은 곱게 물이 들고
가장자리 노는 초승달마저 붉다

눈이 시려 돌아서니
흐릿해진 긴 그림자
정신없이
바쁘게 걸어온 만큼이나 길다.

금강산金剛山

봄이면 맑은 이슬로
칠보중에 금강석 주렁주렁 매달리니
금강산金剛山

여름이면 일만 계곡
일만 봉우리 봉우리마다 녹음 짙으니
봉래산蓬萊山

가을 되니 사방팔방 기암괴석
온갖 나무 조화 이뤄 붉게 타니
풍악산楓嶽山

겨울이 오면 곱게 입은 옷
훌훌 벗어 알몸뚱이 내보이니 개골산皆骨山
눈 덮이면 설봉산雪峰山이라 했네

그리움

보고 싶은 마음
갈 단풍처럼 짙게 물들어
타는 그리움 되었는데

꿈속엔들 임이 오시니
반갑고
참 기쁩니다

또, 고맙고
얼마나 좋은지
고운 시월 다 지나갑니다.

잃은 소망所望

바라는 게
뭔지도 모르는 채
눈앞에 보이는 것만으로
울고 웃던 시절

어린앤 줄만
알았었지
그때 다 알고 있구나
기대어 "난 희망이 없어."라고 했댔지

그때는 왜
치痴 롱聾 고痼 아啞였었는지!
지금은
너무 멀리 와있다.

註: 치롱고아(癡聾痼啞): 어리석고 귀먹고 고질 있고 벙어리라.
* 아이의 말에도 귀 기울이세요.

딸아 아들아

살아가면서
할 수만 있거든 많이 베풀어라
적든 많든 마음이든 물질物質이든

베푼 것은
떠난 뒤에도 남아 있고
끌어안은 것은 떠날 때 연기처럼 사라져 간다

우리 지닌 형상形狀마저도
언젠가는 허물어져 갈
환상幻想과도 같고 허깨비 같은걸

날 위하는
생각과 말과 행行은
오르지 고통苦痛과 불행不幸의 씨앗이 되고

이웃을 위하는
생각과 말과 행行은
기쁨이 되고 행복幸福이 되더라.

아버지

가을은 자꾸만 깊어 가고
참 아름답습니다

아버지,
당신의 창조 역사는 늘 놀랍습니다
사랑의 손길도요

산천을 결 좋게 빗질도 하시며
곱게 물들이시고
빛깔 좋은 단풍잎을
눈처럼 날리시며
맑고 고운 빛을 내려
강물 위에 뿌려 놓으시니
새 생명은 일어나고

아버지,
부드러운 손길로 볼때기를 비비시니
그 사랑 하늘보다도 더 넓습니다

그러니 얼마나 좋은지요
참 기쁩니다.

제4부

거룩한 침묵沈默

사랑으로 지으신 세상
아수라장인데
어찌하여
알아차리고 다가설 때까지
바라만 보고 계시는가
답답하고 아프고 힘들어 아우성이련만

오르지 침묵沈默으로
허물은 끝끝내 따지지도 않으시고
끝내는 화禍도 내지 않으시며
이는
"조물造物들이 넋을 잃을까 염려함이라." 시니
얼마나 거룩한 침묵沈默인가.

시간時間

공평하게 주어진 선물
째각째각째각 팔만 육천사백 초
선물이 흔적도 없이 점점 사라져 가네

갓 낳는 아기
생을 마치고 되돌아가는 이
한 백 년을 살다 가는가

한 겁劫(사억 삼천이백만 년)
범천梵天의 하루
창조주創造主의 하루

누구는
끌어안고 미움으로 화禍를 담아
괴로워하며 고통苦痛 속에서 살고

누구는
가르침을 따라 나눔과 사랑으로
기쁨과 행복幸福을 가꾸며 사네.

뿌린 씨앗

뿌려 놓은 씨앗의 진실眞實은
솟아오르는 싹으로서 보나니

착한 마음과 정성精誠으로 뿌린 씨앗은
기쁨이 담겨 싹이 솟고

미움과 화禍를 담아 뿌린 씨앗은
아픔이 담겨 싹이 솟네.

가브리엘라

널 선물로 주시려고
널 만나라고 인도하셨구나

그래, 난 네 속에서 끓고 있는
그 기운이 무엇인지

네가 성큼성큼 걷고 있는 걸음걸이에서
온갖 몸짓에서도 본다

네게는 채워도 채워도 채워지지 않는
타는 목마름이 있다는 것을

임자가 인도하셨구나
가브리엘라! 너를 만나라고.

거기에 머물면

거기에 머물면
근심과 걱정은 나의 것이 아니네

거기에 머물면
놀랄 일도 두려워할 일도 없네

거기에 머물면
모든 것은 순간이며 지나가는 것이네

거기에 머물면
순간이 영원 안에 머물고 영원은 순간이 되네

거기에 머물면
모든 것을 참아 모든 것을 이기네

거기에 머물면
이 세상 그 무엇도 아쉬울 게 없네

거기에 머물면
삶은 시작이며 끝이기 때문이라네.

속된 것 섬기지 말라

얘야
이다음 커서 어른이 되거든
무작정 부자를 섬기지 말라
가난할지언정 나눌 줄 아는 이를 섬겨라

얘야
이다음 커서 어른이 되거든
무작정 힘 있는 이를 섬기지 말라
힘없을지언정 인정 있고 너그러운 사람을 섬겨라

살아가는 동안 영광과 명예를 섬기지 말라
잠시 생겨났다가 사라져버릴 무지개 같은 것이거늘
마음을 다스려
늘 감사하면서 겸손만을 섬겨라

잃어버린 나를 찾아 기쁨으로 머물고
영원히 변치 않는 진리 안에서 평화로우며
오르지
처음부터 끝까지 진리만을 섬겨라.

맨 처음처럼 아이처럼

맨 처음에 올 땐
천진 덩어리였었지요

웃으며 살기도 바쁜데
왜 그리 진지하게 사는지

신은
'평화를 두고 가니 기쁨으로 살라.' 했지요

반하니,
아프고 고통스러운 게지요

잘난 사람들 증명한
'도파민, 엔케팔린, 엔도르핀, 다이돌핀.'
좋은 것, 모두 우리 몸속에 있네요

다 내려놓고 자지러지게 웃어봐요
그냥 아이들처럼 재미나게시리

산다는 게 다 웃음거리뿐이잖아요
산다는 것, 딱 한 번뿐인걸요.

질그릇

텅 빈 질그릇!
소리 날 일이 없지
꽉 채워진 질그릇!
그 또한 소리가 나지 않지

텅 빈 질그릇은
언제든 채울 수 있지
꽉 채워진 질그릇에
담긴 것 쓰임이 없으면 썩어 버리겠지

잘 빚져 만든 질그릇에 채우고 나누고
텅 비우고 닦고
또 채우고 나누고 닦으니
임자 보시기 참 좋겠네.

신神의 명령命令

하늘과 땅에
음陰과 양陽의 조화調和를 두어
만물萬物 가운데
신神의 형상形像으로 사람을 지으시니

사내와 계집의 몸을 섞어
자식子息을 낳게 했니라
아프고 힘든 삼백 날 수고受苦로
몸과 몸을 나누게 하였으니

아버지요 어머니라
이에 조건條件없는 사랑을 일렀으니
나눔과 사랑은 본本이요 섭리攝理요
이를 따르는 이는 참 복福되다.

회상回想

돌이켜 보면
내 어린 시절은 딱 한 번뿐이었어
꽃피는 봄이면 지천으로 핀 진달래 아름 꺾어
물 항아리에 꽂고 참 좋아라! 했지
여름이 되면 개구리 잡아다가 고아 씨암탉 살찌우고
모장갈에서 벌거벗고 멱도 감았었지
가을 되면 이삭 줍고 서리 콩도 주었어
고구마 캐다가 사랑방에 통가리 해두고 배부르다 했지
겨울이 되면 배고픈 새 홀리고
눈 쌓인 산으로 산 토끼를 쫓아다녔었지

돌이켜 보면
참 많은 일이 스치고 지나갔지만
이제는 모든 게 다 그리움뿐이야
지금은 어디로 가야 하는지를 알아차렸으니
본래 내 안에 깃든 이슬처럼 맑고 고운 영혼
긴긴 세월 허둥대고 사느라
겹겹이 쌓인 흠들 훌훌 털어 버려야 하지
본래의 인연 속으로 가야지
되돌아가야 하지
영혼은 임자 곁으로 몸은 어머니 품속으로.

지혜智慧

무엇으로 좋아하고
무엇으로 웃으리오
들숨소리 날숨소리
점점 줄어드는 한 생인걸

원만한 마음은 무엇인고
너나 나나 다르지 않음을 아는가
하늘 땅의 숨소리 들리는 날
임자랑 나도 다르지 않음을 알리오

저 고개 너머인가
하늘 끝쯤 되는가
꿈꾸는 거기 도대체 어디인가
쉬엄쉬엄 쉬어감이 좋을씨고.

무지개

눈은 멀고 귀는 막혀 있으니
헛것을 보고 헛소리를 듣누나
갈 길은 멀고 먼데 헛것 헛소리로 오락가락
속고 또 속고 사네
거짓으로 울고 웃네

헌 누더기 훌훌 벗어 버리는 날
거짓의 옷 벗는 날
눈보다 더 하얀 순결純潔을 보리
청정淸淨한 하늘을 보리
고운 무지개를 만나리오.

멀미나는 세상

삶은 락樂이 아닌 고苦이거늘
고통을 느낄 수 있다면 분명 살아 있는 것
기댈 것들이 너무 많아 익숙해진 세상

물질로 기대고
힘으로 기대고
앎으로 기대고

기댐으로써 기울어짐을 모르네
고苦는 락樂이요 락樂은 고苦라네
진리로 허물을 지움이 좋지 않겠나.

대 빗자루

쓱싹쓱싹
바람에 날리던 나뭇잎 몇 장
검불 오라기 몇 가닥

쓱싹쓱싹
온종일 종종거린 발자국
엎어진 개 밥그릇

쓱싹쓱싹
볼 붉은 해는 서산을 넘고
가지런해진 안마당

쓱싹쓱싹
어머니 머릿결 닮은 대 빗 자국
덩달아 정갈해지는 마음.

가고 오리니

자랑 마라
꽃 곱 다고 자랑 마라
더러는 멀쩡한 꽃도
비바람으로 찢기고 떨어질러라

점점 이지러져 가는 형상形象
모두가 시들어 떨어질 허상虛像
흔적 없이 사라져 갈 환상幻想

자랑 마라
자랑 마라
언젠가는 가고
언젠가는 또다시 오리니.

칭찬稱讚 그리고 긍정肯定

누가 내게로 와서 부정하는 말이나
남의 허물을 이르거든
그냥 들은 체 만체하소
그는 지은 복을 허물고
남에게 나의 허물을 전할 사람이외다

누가 내게로 와서 시비를 말하거든
귀에 담지 마소
누구든 완전할 수는 없소
맞서지 않으면
허공에서 타는 불과 같이 될 거 외다

누가 내게로 와서 긍정하는 말이나
남을 칭찬하거든
나의 일인 양 반기고 즐기소
이는 복을 짓고
우주엔 향 고운 꽃을 심는 일이외다.

몽돌

아마도 그랬겠지
본래는 거칠고 모질고 날 선 돌멩이
임자가 굴리고 다듬으시니

물에 흠뻑 젖은 모양도 예쁘오
매끈매끈 걸림 없는 모양
만져 보고도 싶고

얼마나 긴긴 세월을
부딪치고 으깨어져서 갈리면
저만큼 다정스러워질까

마냥 예쁘고 사랑스러워
얼른 쥐어 보고 싶은 몽돌
긴 파도에 몸 맡기고 노니는 조약돌.

말 말 말

화려한 옷을 입었다
묘한 춤을 추며 홀려댄다

날개를 달고
거침없이 사방팔방으로 날아다닌다

쏟아져 나온 말들이
겹겹이 쌓여 산을 이루고

그 산을 넘지 못하는 말들이
길을 잃고 이리저리 방황한다.

수련修練

뭐가 뭔지 잘 모르겠네
도무지 알 수 없는 힘으로 이끌리는데
아마, 임자시겠지요
물을 따라가듯 구름을 따라가듯
바람을 따라서 가듯이 가면 될 일이고
억지 부려 가고 오는 길이 아닐 테니까요

세상에서 우리가 원하는 것 그 무엇으로도
우리의 가슴은 채워지지 않으리니
보고 듣고 말하는 것으로 미혹되어 있을 뿐
본래는 무진장 청정했던 영혼
임자가 주신 영혼
인도하시는 길을 따라서 가요

그대들이 먼저 나선 길
뒤를 따라서
그 뒤를 따라서
돌아보면 미궁처럼 헤매온 길
이제는 환한 빛으로 밝혀진 이 길을 따라서
임자가 인도하시는 길 따라가요.

꿈 마을 하얀 눈

걸음걸음
뽀드득뽀드득
온 세상을 하얗게 하얗게

기쁨 아름 안고
뽀드득뽀드득
사뿐 사뿐히 걸으라네

마음 깨끗이 씻으라
뽀드득뽀드득
아기처럼 맑고 순수하라고

밤새 소복소복 쌓인 눈
뽀드득뽀드득
아기 구주도 오셨네

기쁜 성탄聖誕

기쁩니다.
참 기쁩니다
구원의 주님이
가장 높은 곳에서

고맙습니다.
참 고맙습니다.
구원의 주님이
가장 낮은 곳으로

맑은 눈동자
흠 없는 살결
구원의 주님이
오르지 사랑으로

만세萬歲, 억만세億萬歲에
온 백성의 본本으로
구원의 주님이
평화! 온 누리에 참 평화!

새 아침

날은 고요하게 밝았네
눈은 한 길 쌓이고
드문드문 먹이 찾는 새 울음

점점 아침은 오고
잿빛 구름 속에 맑은 해 숨어 있겠지
눈 속에 묻힌 하얀 세상

길은 사라지고
누군가 발자국을 내겠지
그저, 습관처럼 가던 길로

날은 환하게 밝아 오네
하얀 눈 덮인 조그만 마을로
고요한 아침이 밝아 오네.

여보시게

살면서 많은 꿈을 꾸고 희망하련만
그거, 모든 게 다 허깨비라는 걸 아시는가

대게는 모르고서 허둥대며 제멋대로 살더구먼
시방은 오르지 시방뿐 이라는 걸

시방처럼 소중한 순간이 또 있을까
시방 만나는 사람처럼 소중한 사람 어디 또 있을까

시방이 우리네 삶의 전부인 걸
늘 처음 만남이고 늘 마지막 이별이라네

이 순간의 만남은 처음이며 마지막이려니
지나간 순간은 다시 되돌아오지 않으리

행여, 작다고 하찮게 여기거나 함부로 하지 말게나
돌아서서 후회하게 되리니

언제든 함께 있을 때 잘 돌보시게나
영영 못 만난다면 어찌하시려나

무엇이든 먼저 다가가시게
사랑이든 이해든 용서든 모든 걸 말일세

어떤 모양을 지니고 살아있다. 고한들
우리는 반드시 죽어야만 새로워지거니.

삼 형제

흰 눈이 수북이 내려 쌓이던 날
댓바람으로 한바탕 뜀질을 하고 나서
산마루에 누군가 만들어 놓은
눈사람 둘이랑 어울려 사진을 찍어 두었지

그걸 도인에게 보냈더니
"혹, 형제지간?" 하고 묻길래
"맞아!
그나 나나 멀지 않아 흔적없이 사라져 갈 물건."이라고 했지

잠시 일었다가 흔적없이 사라져 가는 것
뭘 그리 아등바등 애쓰고 사나!
사는 게 사랑이고 사랑이 사는 게여
한결같지 않음이 참 다행

태백산 꽃눈

하늘은 '톡' 치면 쨍그랑 깨질듯하고
올려다보면 파란 눈물을 펑펑 쏟는다

겹겹이 쌓인 삶의 찌든 흔적
한 치 앞도 볼 수 없는 두텁게 가려진 마음의 창(窓)

겨우내 푹푹 내려 한 질 쌓인 떡쌀 같은 눈
밟으며 걷는 발자국을 따라서 묻는다

'본래의 마음은 저 파란 하늘이었고,
눈처럼 희었지 않으냐?'

호되게 추워야만 피는 꽃눈
나뭇가지에 핀 꽃눈으로 씻기고 가란다.

봄볕

창문 넘어 들어 오는
맑은 햇살이 영락없는 봄볕이네

문을 활짝 열어젖히니
시원한 바람이 볼때기를 비비고

물오른 목련 가지마다
매달린 꽃망울은 터질 듯 부풀어 있소

이토록 눈부신 하루
시방보다 더 좋을 수는 없네.

제5부

똑바로

산수 좋은 절간 눌러앉아
염불하던
근엄하신 스님도 가셨고

대궐 같은 교회 꾸며 놓고
'예수 믿고 영생을 얻어라.'
소리치던 목자님네도 가셨고

예쁜 모양 자랑하던 사람도
이지러지는 형상 가꾸다가
한숨 지며 가셨고

가진 것 다 주고
몸뚱이마저 내어 놓으신 임자도
가셨는데

설핏설핏 하늘을 보니
잠깐 머물다 가는 나그네니
'똑바로 살다 가라.' 하네.

왜 이러나

국민이 쥐여준 권력權力으로
군림君臨하려거든 무너져 버려라

세상으로부터 얻은 재물財物
자비慈悲롭게 쓰이지 않거든 흩어져 버려라

하늘의 도움으로 얻은 지식知識
겸손謙遜을 잃었거든 썩어 버려라

원점原點으로 되돌아갈 바를 잊었노라
몸뚱이도 내려놓고 가야 할 물건인걸.

나라 사랑

나라 있어 내가 있고
내가 있어 나라 있으니

요즈음
정신 나간 정치인 좀 보소
국민이 쥐여준 권력權力으로
높은 자리 차지하고 앉아

온갖 거드름에
혈세血稅 받아 챙겨 가며
뒷돈 받아 사리사욕私利私慾
말짱 도적놈들 아닌가

나랏일 하랬더니
이해타산利害打算 따져 가며
일은 뒷전이고 배짱 질에
직무유기職務遺棄 일쑤로다

그 죄 몽땅 국민이 뒤집어쓸 터인즉
그 집단 어서 해산하고
그 자리를 퇴비장으로 만들어
농부들 이로움으로 쓰면 어떠리

나라 사랑은
오르지 나 사랑이라네.

일어서라

바람 부는 대로
눕는 슬픈 민초民草여!
이 일을 어찌할 거나

어둠에든 형제를 어찌할 거나
나랏돈 챙기고 온갖 수혜受惠에 뇌물 받아먹고
뻔뻔한 거짓말에 교만驕慢하고, 군림하니

가라! 말짱 소용없는 껍데기들
총체적總體的 부실不實의 원인자여
원인자여

봄, 여름, 가을, 겨울
민초야!
아프지 않은 날 몇 날이더냐

바람따라 눕는 민초民草여
어서 긴 잠에서 깨어나라
더 늦기 전에 벌떡 일어서라.

천 년 계곡

구기동 계곡
삼각산 꼭대기 향해
오르고 또 오르니

계곡을 따라 흐르는 물소리
모난 돌
천 년을 갉고 다듬네

사람이 천 년을 산다면
모난 마음 갉고 다듬어져
둥글 둥글어질는지

숲 속에 숨어 우는
귀뚜라미 울음소리는
마냥 쓸쓸하게 들리네

저 멀리 천 년 사찰
정오를 알리는 범종 소리
마음을 다독 다독이누나.

산다는 건 빛

세상 올 적엔
부모님 도움으로 왔고

시방을 사는 건
세상 도움으로 살고 있네

훗날도
세상 도움으로 살게 될게고

살다 살다가 돌아가는 날도
누군가의 도움으로 갈 거니

살아서는 그 은혜恩惠
모두 다 갚을 길 없네

눈멀고, 귀먹고, 완고하여
어리석지 않게 하소서.

다 좋을 수는 없지요

서로가 다른데
모두 다 좋을 수는 없잖아요

참사랑이신 예수님을
미워하는 사람도 있고
자비이신 부처님을 미워하는 이도 있으니

사랑도 미움도 마음으로 생겨나고
마음으로 사라지는 허상인 걸 알면

완고하며 미움을 담은 이는
사랑으로 보듬어야 할
몸과 마음이 아픈 사람이래요

옳다! 그르다! 분별일랑 말고
하늘과 땅 같은 마음이면 참 좋으리오.

왜 저러지

부정 입학에
원정 출산에

부는 가난으로부터이요
가난은 부자로부터이요

얼마나 더 갖고
얼마나 더 누리리오

세상으로부터 얻은 것
세상으로 공손히 되돌려야 복되거늘

왜 저러나
삶의 본질을 잊었나

스쳐 가는 여정 나누고 사랑으로 아우르면
임도 보시기 좋지 않겠나.

가면무도회

어제쯤 끝나려나
근엄한 가면을 썼던 개들
한 시절 지루하게 이어지던
가면무도회

빼앗고
물어뜯고
착취한 부로 온갖 호사로다
대물린 부로 염치마저 잃어버린 족속들

가진 것은
"단돈 몇 푼이라."고 우롱이라
아직도 가려 쓰고 있는 근엄한 가면
부끄러움을 알 리 없는 개무리들

언제쯤이면 끝나려나
관중 없는 지루한 가면무도회
누가 길들여 본성을 찾아
주인을 공손히 섬기게 할 것인가.

곡학아세曲學阿世

일류대학을 나와
평생을 선생님이 직업이었던
칠십을 넘긴 부부
여간 깐깐하게 살아가는데

누구를 불러 세우더니
공자 말씀 중에
'칠십이 종심소욕 불유구[七十而 從心所欲 不踰矩]'
을 묻는다

"상대가 화를 내고
억지를 부리면 어찌해야 하나요?" 하니
"예,
상대를 하느님인 줄 믿고 섬기세요." 하네.

죄인罪人

눈으로 보이는 것들을
내 알음으로 보고 판단하면서
그래도 되는 줄 알았습니다

귀를 통해 들리는 소리를
내 알음으로 듣고 해석하면서
그래도 되는 줄 알았습니다

내가 말하고 행한 일들은
허물이 없는 줄 믿고 살면서
그래도 되는 줄 알았습니다

잠을 깨 내 알음으로
보고 듣고 말하고 행한 일들로
죄를 짓는 줄 모르고 살았습니다.

정치政治

이어지는 지독한 분별分別
진보進步는 뭐고, 보수保守 또 뭐요
친박親朴 비박非朴, 참 우습다
소박素朴함을 잃어버린 사람들

지구촌地球村 아우르는 시대時代를 살면서
영남, 호남, 개당, 소당
나누고 쪼개고,
흔들고 떨어뜨리고

사람인듯한 사람에게서
사람 냄새가 나질 않고 짐승 냄새가 난다
백성을 섬겨야 할 이들이
백성은 안중에도 없구나

우주宇宙 안에 작은 우리 지구촌!
서로 사랑하고 나누고
모두가 하얀 꿈을 꾸는 분별分別없는 세상
언제, 언제쯤이면 오나요.

고요한 나라

동해의 옥빛 바닷물 가르고
찬란히 해가 솟는 나라
동방의 영롱한 참 빛이어라

점점 솟아오르며
오대양 육대주를 깨우고
산천을 깨워 지구촌을 아우를 나라

혼돈은 가라
거짓과 미움이면 물러가라
참된 사랑이 아니면 모두 다 가버려라

여기 고요한 나라
어짊[仁], 의로움[義], 예[禮]와 지혜[智]
더불어 굳센 믿음[信]이 있노라.

사랑

부처는[無知亦無得]
"알 것도 얻을 것도 없느니라.
한 생 한 생 자비慈悲롭게 살아라." 이르고

분별하지 마라大圓鏡智
어리석음이요
무지無知요. 무지無智란다

그리스도는
"나는 사랑이니라.
서로 사랑하여라." 일렀느니

심판審判하지 말라
그럴 권리權利는 아무도 없나니
오직 심판에 휘지 않으시는 임자의 몫이란다

그대들, 믿거들랑
사랑은 진리眞理인 줄 믿고
사랑 안에 머물러야 한다네

사랑은 만물萬物의 주인이 되니
만물은 순종順從하며 조화調和를 이루니라
사랑! 사랑은 진리眞理라

참된 사랑엔 걸림도 없고
진리眞理는 모두를 자유롭게 하나니
임자는 오직 참사랑이어라.

숨

초판 1쇄 _ 2014년 10월 20일
초판 발행 _ 2014년 10월 25일

지은이 _ 신영학
펴낸이 _ 양상구
디자인 _ 은새
펴낸곳 _ 도서출판 채운재
주소 _ 100-861 서울시 중구 충무로2가 49-8(서울빌딩 202호)
전화 _ 02-704-3301
팩스 _ 02-2268-3910
손전화 _ 010-5466-3911
이메일 _ ysg8527@naver.com

ISBN 978-89-93829-76-1 03810
값 12,000원